Capitaine A. DE TARLÉ

COMMENT

ON

PRÉPARE LA DÉFAITE

(1867-1870)

PARIS

LIBRAIRIE CHAPELOT

MARC IMHAUS & RENÉ CHAPELOT ÉDITEURS

3o, Rue Dauphine, VI⁰ (Même Maison à Nancy)

1913

COMMENT ON PRÉPARE LA DÉFAITE

(1867-1870)

Capitaine A. DE TARLÉ

COMMENT

ON

PRÉPARE LA DÉFAITE

(1867-1870)

PARIS

LIBRAIRIE CHAPELOT

MARC IMHAUS & RENÉ CHAPELOT ÉDITEURS

3o, Rue Dauphine, VI⁰ (Même Maison à Nancy)

1913

COMMENT ON PRÉPARE LA DÉFAITE

(1867-1870)

« Prendre un homme au milieu de sa famille, l'éloigner — car on y tient — de son pays natal, le faire changer fréquemment de garnison; l'obliger à demeurer dans une caserne, l'astreindre à la vie commune; l'affubler d'un uniforme, lui faire porter le sabre, même dans la vie ordinaire, au milieu d'une population à laquelle le port des armes est soigneusement interdit; lui donner des lois qui ne sont pas celles des autres citoyens, des juges qui ne sont pas ceux des autres citoyens; lui inculquer de certains principes qu'on aurait tort d'inculquer au reste de la nation et qu'on est obligé de lui inculquer à lui; lui dire, par exemple, que son premier devoir est d'obéir immédiatement et sans réflexion à ses chefs — je ne blâme rien, je constate, — tout cela résulte du principe des armées permanentes, et tout cela fait l'esprit militaire.

« En parlant ainsi des conditions de l'esprit militaire et de la façon dont vous le formez, je ne vous reproche pas de vous tromper, mais d'être conséquents avec un système déplorable et de substituer, chez le soldat, l'esprit militaire à l'esprit national.

« Quand je dis que l'armée que nous voulons faire est une armée de citoyens et qu'elle n'aurait à aucun degré l'esprit militaire, ce n'est pas une concession que je fais, c'est une déclaration, et une déclaration dont je suis heureux, car c'est pour qu'il n'y ait pas en France d'esprit militaire, pour qu'il n'y ait pas dans la nation un corps d'hommes ayant des habitudes, des idées, des sentiments différents de ceux de la nation entière, pour qu'il n'y ait pas une armée qu'on puisse à chaque instant lancer contre les pays étrangers, et peut-être même, dans des jours néfastes, contre notre propre pays, et c'est pour qu'on soit, je ne dirai pas dans la nécessité d'aimer la paix, mais dans l'impossibilité de l'enfreindre; c'est pour cela précisément, qu'au lieu d'une armée imbue d'esprit militaire, nous voulons avoir une armée de citoyens qui soit invincible chez elle et hors d'état de porter la guerre au dehors. »

Ainsi disait Jules Simon, au Corps législatif, dans la séance du 23 décembre 1867, et la gauche l'approuvait chaudement, le compte rendu officiel en fait foi. Ces paroles ont été rappelées à l'occasion des débats qui ont eu lieu à la Chambre sur la loi des cadres de l'infanterie, et, plus récemment, lors de la campagne de presse menée pour le rétablissement de la loi de trois ans. Elles sont, en effet, d'une actualité saisissante, puisque, après quarante-cinq années, le Gouvernement, le Parlement et le pays se retrouvent en face du même problème : assurer la sécurité nationale, compromise par l'accroissement démesuré de la force militaire de l'Allemagne. La sévère leçon de 1870 et la triste expérience de la défaite doivent nous préserver des coupables erreurs commises par nos devanciers.

A cette époque, notre armée était sous le régime de la loi de 1832, qui avait institué le service de sept ans. Une loi spéciale fixait annuellement le contingent à appeler sous les drapeaux; il était divisé en deux portions, au moyen du tirage au sort : les « mauvais numéros » étaient incorporés, les « bons numéros », formant la réserve, restaient provisoirement dans leurs foyers. D'ailleurs, chaque appelé conservait la faculté de se faire remplacer; il restait responsable de son remplaçant, et obligé de rejoindre les drapeaux immédiatement si celui-ci venait à déserter.

En principe, il y avait donc une réserve; elle pouvait

être appelée à l'activité par une simple ordonnance, et le ministre avait le droit de la réunir pour être exercée. Dans la pratique, la parcimonie avec laquelle étaient accordés les crédits budgétaires rendait son instruction impossible, les appels n'ayant pour ainsi dire jamais lieu. De sorte qu'en cas de guerre, près de 3oo.ooo hommes sur les 5oo.ooo que la loi pouvait donner se trouvaient sans aucune valeur militaire, n'ayant jamais appris à marcher, ni à se servir de leurs armes.

La qualité des troupes actives était parfaite : c'étaient les soldats de Sébastopol, de Magenta, de Solférino, de la conquête de l'Algérie; leur esprit militaire, excellent : à Sébastopol, les hommes de la classe 1847, libérables en décembre 1854, restèrent jusqu'à la prise de la place, et marchèrent en tête des colonnes d'assaut pour entraîner les plus jeunes. Le jour où il citait ce fait à la tribune, le maréchal Niel rappelait avec émotion que beaucoup étaient ainsi tombés en faisant plus que leur devoir.

Mais leur qualité ne pouvait pas compenser leur infériorité numérique en face des 1.2oo.ooo hommes que donnaient à la Prusse ses institutions militaires. Le coup de foudre de Sadowa, en révélant la force de l'armée prussienne et le péril qu'elle faisait courir à la France, avait vivement frappé l'Empereur. Tout de suite, l'idée avait germé dans son esprit de transformer la loi de manière à nous permettre de conserver notre rang en Europe et, le cas échéant, de faire respecter nos droits. Dans son livre si bien documenté sur le maréchal Niel, le commandant de La Tour cite à ce propos un témoignage très intéressant du fils du maréchal. Dès le mois de septembre 1866, Napoléon III, alors à Biarritz, fit venir le maréchal Niel pour l'entretenir de cette question. « Il paraissait partisan du service militaire obligatoire et personnel, mais pas plus dans ses conversations avec mon père qu'avec aucun de ceux qui l'approchaient, il ne dévoilait de suite le fond de sa pensée : il restait indécis, hésitant, semblant même rechercher la contradiction pour y faire répondre. Il avait d'excellentes idées, était très bien renseigné, mais il était difficile de l'amener à une précision, d'arriver du premier coup à une solution catégorique; et, cette fois encore, mon père rentra à Toulouse sans que rien de. définitif eût été arrêté[1]. »

L'Empereur voulait certainement la réforme dans le sens le plus démocratique. Malheureusement, il n'avait pas dans l'esprit une idée suffisamment nette et arrêtée pour qu'il pût l'imposer, et il n'osa pas prendre seul la responsabilité d'une mesure dont il sentait toute la difficulté. Il se résolut alors au parti auquel recourent toujours les hésitants, et décida de consulter une commission composé des plus hautes personnalités militaires et politiques. Elle devait rechercher ce qu'il y aurait à faire « pour mettre nos forces nationales en situation d'assurer la défense du territoire et le maintien de notre influence politique ».

La Commission se réunit à Saint-Cloud et à Compiègne[2]. Avant la première réunion, qui se tint le 6 novembre, chacun des membres eut communication de six projets, qui avaient été établis respectivement par les généraux Guiod et Lebrun, les maréchaux Vaillant et Niel, et deux par l'Empereur lui-même. L'Empereur et les généraux Guiod et Lebrun concluaient à l'adoption du service obligatoire à court terme: le maréchal Vaillant demandait simplement l'augmentation du contingent. Le maréchal Niel proposait de renforcer en cas de besoin l'armée active par la création d'une garde nationale mobile, solidement organisée et instruite, qui servirait seulement en cas de guerre et à l'intérieur des frontières.

---

[1] Commandant J. de La Tour, *Le Maréchal Niel*. Paris, Chapelot, 1912, p. 180.

[2] Elle comprenait le prince Napoléon, Rouher, Achille Fould, Chasseloup-Laubat, Vuitry; les maréchaux Vaillant, Randon, Canrobert, Baraguey d'Hilliers, Regnault de Saint-Jean d'Angély, Mac-Mahon, Niel, Forey; les généraux Fleury, Palikao, Allard, Le Bœuf Frossard, Trochu, Lebrun : les intendants généraux Darricau, Pagès.

Un autre projet fut établi en collaboration par le général Fleury et le colonel Berthaut : il préconisait le service militaire obligatoire et personnel, avec suppression de l'exonération et du remplacement.

Le maréchal Randon, Ministre de la guerre, voulait améliorer la loi de 1832; comme le maréchal Vaillant, il demandait que l'on incorporât la totalité de la classe, et qu'elle fût maintenue neuf ans au service, dont six dans l'armée active et trois dans la réserve. Ce système eût imposé au pays une charge très lourde, mais lui eût donné une armée formidable. Le maréchal Niel s'y rallia; l'idée ne lui était pas étrangère, et M. Emile Ollivier raconte qu'il la lui avait entendue exposer et défendre avec infiniment de force chez le prince Napoléon. Tous les militaires l'adoptèrent. Les ministres civils lui firent une violente opposition : le Corps législatif, disaient-ils, ne ratifierait jamais un pareil projet. Même, M. Vuitry, président du Conseil d'Etat, mit en avant la question constitutionnelle, parce qu'on ne pouvait pas enlever au Corps législatif le droit de décider, par le vote du budget, du nombre d'hommes à incorporer annuellement. « Les ministres, dit le général Lebrun dans ses *Souvenirs militaires*, eurent raison de la Commission et de l'Empereur contre l'Empereur lui-même! »

Battu sur ce terrain, Napoléon III, d'accord avec le maréchal Niel, essaya d'obtenir l'augmentation des effectifs en s'accommodant de la solution bâtarde d'une garde nationale mobile. Cette fois, les ministres civils acceptèrent l'idée; ce fut aux militaires de la combattre. Le maréchal Randon invoqua ses souvenirs de guerre : cette proposition, disait-il, ne donnera que des recrues, tandis que ce sont des soldats qu'il nous faut.... « Si, au lieu de conscrits, nous avions eu de vieux soldats en 1813, nous n'aurions pas été ramenés des bords de la Vistule dans Paris. J'y étais, je puis parler en connaissance de cause. » — Il servait comme aide de camp de son oncle le général Marchand, qui commandait une division dans le corps de Ney.   *

Cette opinion était partagée par la plupart des officiers qui avaient fait les guerres de la Révolution et de l'Empire. Dans sa brochure *De l'esprit militaire en France*[1], dont la deuxième édition est de 1826, le général Lamarque observait déjà que la loi du 9 juin 1824 avait voulu nous donner une réserve : « Mais les discussions de la Chambre ont ôté ce nom à des hommes qui ne sont que désignés pour le service, et qu'une ordonnance du Roi, ou un décret des Chambres, aurait aussi bien pu appeler au moment du danger. Supposez une guerre prompte, soudaine, inattendue, telle que l'organisation actuelle des troupes de l'Europe, et la méthode d'entrer en campagne sans former, comme autrefois, des magasins, permettent de la faire, et dites-moi à quoi vous serviront ces hommes qu'on vous offre comme un moyen de résistance. Ils ne sont ni habillés, ni armés, ni organisés, ni instruits; ils n'ont été assujettis à aucun service, pliés à aucune discipline; ils n'ont contracté aucun goût, aucune habitude militaire. La moitié de notre faible armée ne sera-t-elle pas employée à les faire rejoindre, à les contenir, à chercher à les instruire? Et quand ils seront sous les drapeaux, qu'en ferez-vous? La plus funeste des erreurs, et elle est généralement répandue, est qu'on peut improviser un soldat[2]; que, pourvu qu'on ait de la cavalerie, de l'artillerie, des pionniers, ce qu'on se

---

[1] *De l'esprit militaire en France, des causes qui contribuent à l'éteindre, de la nécessité et des moyens de le ranimer,* par le lieutenant général Max-Lamarque.

[2] « Après nos longues guerres, ajoutait-il, nous sommes tous à même de corriger par les leçons de la pratique les théories trompeuses. Nous n'avons besoin, pour cela, que de consulter nos souvenirs. En 1809, je reçus à Palma-Nova neuf cents conscrits dans chaque régiment de ma division. Ils arrivaient de France, ne sachant pas charger leurs fusils, et accablés sous le poids de leurs armes et de leurs sacs garnis de tous les objets d'habillement et d'équipement; plus du tiers était resté en route avant d'arriver à Gratz; nous n'en avions plus le quart devant Raab et Comorn, et il n'en restait pas trente aux batailles d'Enzensdorf et de Wagram. »

complait à décorer du nom de corps savants, on a toujours le temps de former un fantassin. »

Sa conclusion était bien nette : « Il n'est pas vrai qu'un conscrit puisse être un bon fantassin au bout de quelques jours d'exercice. Les exemples tant cités des guerres de la Révolution et des campagnes de 1813 sont faux ou inexacts. »

Le général Lamarque avait parfaitement raison, et c'est pourquoi toutes les armées de milices, que ce soient celles de la Suisse, du Monténégro, ou la Territoriale anglaise, n'auront jamais qu'une faible valeur militaire. L'œuvre qui consiste à prendre un paysan robuste mais lourd de corps et d'intelligence; un employé de magasin sans entraînement physique: un ouvrier adroit, mais indocile, et à les transformer en soldats, comporte deux éléments distincts : l'instruction et l'éducation militaires. La première se donnera plus ou moins aisément suivant le degré d'aptitude et de préparation du contingent, et aussi les difficultés particulières à chaque arme; de toute façon, elle ne demande pas un bien long apprentissage, et l'on peut admettre que douze mois suffisent pour apprendre à un fantassin à marcher, à tirer, à combattre en terrain varié.

Mais l'adresse, la vigueur, l'exercice, le maniement des armes, tout ce qui fait le dressage mécanique du soldat, ne sont rien sans la discipline, que crée l'éducation militaire. Celle-ci prépare l'homme à accepter les fatigues et les privations journalières, jusqu'au sacrifice de la vie; pour que l'âme puisse affronter les plus dures épreuves sans être troublée par la révolte de l'esprit ou trahie par les défaillances du corps, elle fortifie la volonté: elle l'assouplit en même temps, l'abnégation de chacun étant nécessaire au succès des efforts de tous. Cet esprit militaire ne s'acquiert pas en un jour: il n'est pas inné comme le courage, mais se gagne seulement au prix d'une longue persévérance; il est l'œuvre du temps de paix, et de ce que l'on appelle dédaigneusement la vie de caserne. En acceptant la solution de la garde mobile malgré l'avis de ceux qui avaient l'expérience de la guerre, la Commission faisait donc de mauvaise besogne. Nous verrons comment le Corps législatif acheva de gâter cette œuvre.

Le 28 novembre, la Commission cessa ses travaux. Le 10 décembre, une note insérée au *Moniteur* caractérisait ainsi le projet adopté : « Il donne à la France 1.200.000 hommes exercés et n'augmente que faiblement les charges du budget. Il discipline la nation entière, en l'organisant dans une pensée de défense bien plus que dans une pensée d'agression ».

Le maréchal Randon, écrit le général du Barail dans ses *Souvenirs*, s'était montré rebelle à tout compromis avec les idées nouvelles; il n'avait vu que l'armée et n'avait songé qu'à la rendre plus forte. Mais il avait affecté trop de raideur dans son hostilité à la garde mobile pour pouvoir assumer la tâche de la défendre devant le Corps législatif. D'autre part, l'Empereur était décidé à faire voter la loi. Il le remplaça donc au ministère par le maréchal Niel (18 janvier 1867). Celui-ci avait été choisi, non pas seulement comme l'auteur du projet qui allait être présenté au Corps législatif, mais aussi en raison de ses qualités politiques, qui lui assuraient la sympathie du monde parlementaire d'alors. « Orateur disert, à l'esprit orné, à la parole élégante, dit encore le général du Barail, en développant ses idées sur les réformes militaires il avait su ménager les susceptibilités des hommes politiques; il avait séduit les avocats en parlant aussi bien qu'eux et il leur avait laissé l'impression d'un homme capable de comprendre et de tourner les difficultés innombrables que devait entraîner une réorganisation militaire ».

Dans son discours pour l'ouverture de la session législative de 1867, Napoléon III prononçait ces paroles : « Vous continuerez à être avec moi les fidèles gardiens des véritables intérêts et de la grandeur du pays. Ces intérêts nous imposent des obligations que nous saurons remplir. La France est respectée au dehors : l'armée a montré sa valeur, mais les conditions de la guerre étant changées, elles exigent l'augmentation de nos forces défensives, et nous devons nous organiser de manière à être invulnérables. Le projet de loi, qui a été étudié avec le plus grand soin, allège le fardeau de la conscription en temps de paix, offre des ressources considérables en temps de guerre, et, répartissant dans une juste mesure les charges entre tous, satisfait aux principes d'égalité : il a toute l'importance d'une institution, et sera, j'en suis sûr, accepté avec patriotisme.

« L'influence d'une nation dépend du nombre d'hommes qu'elle peut mettre sous les armes. N'oubliez pas que les Etats voisins s'imposent de bien plus lourds sacrifices pour la bonne constitution de leurs armées, et ont les yeux fixés sur vous pour juger par vos résolutions si l'influence de la France doit s'accroître ou diminuer dans le monde ».

Le projet de loi dont parlait l'Empereur maintenait le vote annuel du contingent par la Chambre, et sa division en deux portions, dont l'une passait cinq ans, et l'autre cinq mois seulement sous les drapeaux. Le remplacement et la substitution étaient rétablis, mais l'exonération supprimée. La disposition essentielle était la création de la garde mobile. Elle comprenait les jeunes gens qui, bien que reconnus propres au service, ne figuraient pas, pour une raison quelconque, dans une des deux portions du contingent, et ceux qui, y étant inscrits, s'étaient fait remplacer. Le remplacement ne dispensait donc plus du service en cas de guerre : c'était un acheminement vers l'égalité de « l'impôt du sang », à défaut de l'égalité dans les charges militaires.

Usant de la prérogative que lui donnait la constitution,

l'Empereur tint à présider lui-même plusieurs des séances
où le Conseil d'Etat délibéra sur le projet. Il ouvrit la
discussion par un discours où il disait en substance :
« La France est respectée aujourd'hui; elle le sera davantage encore quand on saura qu'elle peut, en quelques
jours, mettre plus d'un million d'hommes sous les armes ».

Malgré l'intervention constante de l'Empereur et du
ministre, la loi sortit du Conseil d'Etat absolument déna-
turée.

Le Corps législatif en confia l'examen à une commission de dix-huit membres. Elle comptait plusieurs députés
disposés à résister au gouvernement, mais la gauche n'y
était pas représentée. Elle se montra d'un aveuglement
extraordinaire, se refusa à « militariser toute la jeunesse », et acheva de transformer le projet de telle sorte
qu'il n'en resta rien. « Nous sommes obligés de voter
cette loi, disait un député, M. West, parce que l'Empereur le veut; mais nous l'arrangerons de telle façon qu'elle
ne pourra pas servir. »

L'opposition était générale. L'hostilité contre l'Empire,
qui animait presque toute la jeunesse d'alors, légitimiste,
orléaniste ou républicaine, s'y associait aux sentiments
les moins honorables : égoïsme des jeunes gens, et mé-
pris où leurs parents tenaient l'esprit militaire. On repro-
chait à l'Empereur de vouloir militariser la France dans un
intérêt dynastique. La bourgeoisie se révoltait contre l'idée
que ses fils, qui mettaient leur point d'honneur à ne point
servir allaient subir à la caserne la promiscuité des fils
d'ouvriers et de paysans. A cette époque, où l'agriculture
et l'industrie traversaient une période d'incomparable
prospérité, on ne songeait qu'à gagner de l'argent, et le
service militaire apparaissait à la fois comme une dé-
chéance sociale, une anomalie, et un retour vers des
temps arriérés qui ne reviendraient plus. En douze ans,
on avait vu quatre grandes guerres européennes; mais
on ne croyait plus à la guerre. Dans une de ses chro-

niques théâtrales, M. Adolphe Brisson rappelait récemment cette anecdote significative que Sarcey aimait à conter. Il faisait une conférence sur Horace; il expliquait à sa manière, en la reliant aux événements du jour, l'idée maîtresse de la tragédie de Corneille. — Imaginez, dit-il, qu'une méchante querelle lance l'une contre l'autre, la France et l'Allemagne, que ces pays soient en guerre... — Une bordée de sifflets interrompit son développement. Un spectateur se leva du parterre et hurla, en montrant le poing à l'orateur : « Monsieur, retirez cette phrase, elle est impie ». C'était en 1869, un an avant la dépêche d'Ems.

Le Corps législatif était déjà saisi de la loi, quand le *Temps* publia, le 26 avril 1867, la fameuse lettre de Frédéric Passy, adressant à l'Europe un appel qui devait, croyait-il, grouper des millions d'adhérents en Ligue de la Paix. Le 21 mai, une conférence sur la Guerre et la Paix, à l'amphithéâtre de l'Ecole de Médecine, inaugurait la campagne pacifiste; M. de Lavalette avait refusé l'autorisation de tenir le Congrès à l'Exposition; la *Ligue internationale et permanente de la Paix* était fondée. En même temps, une institution rivale, la *Ligue de la Paix et de la Liberté*, désavouée d'ailleurs par Frédéric Passy, parce qu'elle prétendait associer à la poursuite de l'idéal pacifiste un programme politique et social, tenait ses assises à Genève. La première question qu'elle se posait était la suivante : « Le règne de la Paix, auquel aspire l'humanité comme au dernier terme de la civilisation, est-il compatible avec ses grandes monarchies militaires qui dépouillent les peuples de leurs libertés les plus vitales, entretiennent des armées formidables et tendent à supprimer les petits Etats au profit de centralisations despotiques? Ou bien la condition essentielle d'une paix perpétuelle entre les nations n'est-elle pas, pour chaque peuple, la liberté, et dans leurs relations internationales, l'établissement d'une confédération de libres démocraties, constituant les Etats-Unis d'Europe? »

Le mouvement trouvait un appui efficace dans la franc-maçonnerie, qui préparait et prêchait le désarmement. Citons seulement Erkmann, orateur de la Loge des Frères réunis de Strasbourg : « La franc-maçonnerie, écrivait-il, est appelée à produire la fusion de tous les peuples... Si Louis XIV a pu dire en envoyant son petit-fils occuper le trône d'Espagne : « Il n'y a plus de Pyrénées », elle peut dire, elle : « Le Rhin n'est plus un fleuve qui sépare deux peuples, c'est un cours d'eau qui facilite et active leurs relations ». Deux ans plus tard, en effet, le Rhin ne séparait plus deux peuples : il était allemand.

L'opinion publique était corrompue et faussée à plaisir par les hommes politiques. C'est Ernest Picard, qui veut des gardes nationaux astreints à faire l'exercice le premier et le troisième dimanche de chaque mois, et à passer tous les six ans trente jours dans un camp. Jules Simon multiplie les mots dans ce genre : « Inutile au dedans pour la justice, le soldat n'est même pas nécessaire à la frontière. Un pays qui a des citoyens est invincible ». Jules Favre s'indigne à la pensée d'une France disciplinée, qui serait une caserne au lieu d'un atelier. Relisons le livre, attristant et humiliant pour notre amour-propre national, où Georges Goyau a rassemblé les aberrations de cette époque et des années qui suivirent : nous y trouverons des leçons à ne jamais oublier[1].

La propagande pacifiste, antimilitariste, pour dire le mot, sévissait dans les campagnes. On répandait les *Entretiens du père Moreau*, une brochure populaire de Jean Macé, qui datait de 1848, où l'un des interlocuteurs disait : « Si les soldats travaillaient au lieu de flâner dans les garnisons, qu'on ne sait pas à quoi les occuper, qu'ils passent leur vie à astiquer leurs gibernes, çà n'empêcherait pas de les trouver quand on en aurait besoin ». C'est, mise à la portée des paysans, toute la théorie de l'armée milicienne.

---

[1] L'*Humanitarisme et l'idée de patrie*, par Georges Goyau (Perrin).

La presse française toute entière, en province comme à Paris, prenait parti contre les projets du Gouvernement. A peu près seuls, Forcade, dans la *Revue des Deux Mondes*, et Nefftzer, dans le *Temps*, faisaient entendre des paroles de bon sens, montraient l'imminence du péril par suite des armements allemands, et la nécessité pour la France d'avoir un million d'hommes prêts à marcher.

Mais la *Revue des Deux Mondes* et le *Temps* n'étaient lus que par une élite: ce qui plaisait à la masse, c'étaient des tirades comme celle d'Emile de Girardin, dans la *Liberté* : « Non, nous en répondons, il ne se trouvera pas de majorité législative qui immole à un *péril imaginaire* la liberté de six millions de Français âgés de vingt à trente-neuf ans. Toucher à la loi française du recrutement pour la prussifier, ce serait ameuter contre la loi nouvelle, 600.000 familles, 4 millions 200.000 personnes... Il n'y a qu'un seul régime que la France puisse et doive adopter, c'est le régime américain; c'est, en cas de guerre, l'enrôlement à tout prix, et si l'enrôlement ne suffit pas, l'appel en masse, la nation armée. La France n'a plus qu'un seul parti à prendre : c'est de renoncer systématiquement à la guerre, et de devenir exclusivement la grande nation de la paix. »

On faisait de la question une plateforme électorale. Même, un candidat officiel, dans le Pas-de-Calais, se permit de critiquer la loi. La « suppression des armées permanentes, source de haines entre les peuples », était le premier article des engagements souscrits par les candidats. Les journaux de province multipliaient les menaces aux élus, et les invitaient dans les termes convenus à réfléchir aux prochaines élections et à interroger l'opinion publique, dans les communes rurales surtout... Ils seront assurément édifiés...

Aux élections de 1869, le mot d'ordre général fut de se plaindre de l'exagération des charges militaires; sur neuf cent soixante candidats (candidats officiels, officieux, de l'opposition dynastique ou intransigeants), vingt-deux seulement ne réclamèrent pas dans leurs professions de foi, sinon la suppression totale des armées permanentes, du moins une diminution notable des contingents[1]. Seul, un député lorrain, dont le nom est devenu cher à la cavalerie française, eut le courage de dire la vérité : M. de Bénoist déclara à ses électeurs que, quels que soient les entraînements des idées pacifistes et le courant de l'opinion vers le désarmement, il était trop leur ami pour consentir, tant que les circonstances seraient les mêmes, à une diminution quelconque des forces de la patrie.

Aussi l'Empereur, qui avait songé un moment à vaincre les résistances parlementaires en dissolvant le Corps législatif, céda aux observations de Rouher, et renonça à cette mesure. Le pays était certainement hostile à toute aggravation des charges militaires; les élections nouvelles se feraient sur cette question et enverraient une majorité avec le mandat formel de la repousser; il valait donc mieux discuter avec les députés en fonctions. Dans une circonstance analogue, le roi de Prusse et Bismarck avaient étouffé ces scrupules ou vaincu cette timidité, et n'avaient pas hésité à entamer contre les Chambres prussiennes la résistance fameuse qui conduisit la Prusse à l'hégémonie de l'Allemagne, par la voie triomphale de Duppel, Sadowa, Sedan.

Napoléon III voyait plus clair que son entourage, mais il n'eut pas l'énergie de briser les obstacles de toute sorte auxquels se heurtait sa volonté. On peut regretter qu'il n'ait pas dans cette circonstance usé de son autorité, comme il l'avait fait pour imposer l'adoption du fusil chassepot, malgré l'absurde opposition du Comité d'artillerie et du ministre. Mais la situation était plus difficile, car il s'agissait, cette fois, non pas du mauvais vouloir de quelques techniciens arriérés, mais de toute la France, dressée contre sa propre sécurité, au nom de ses intérêts immédiats.

---

[1] M. Dugué de la Fauconnerie (*Echo de Paris*, 22 septembre 1910).

M. Emile Ollivier insiste justement sur ce que la résistance aux projets de l'Empereur et du maréchal Niel ne vint pas seulement du parti de l'opposition, mais des ministres et des députés de la majorité. Comme nous l'avons dit, la commission de dix-huit membres nommée par le Corps législatif ne comprenait pas un député de la gauche. Elle acheva de dénaturer la loi : d'abord, elle affaiblit l'armée active en décidant que le contingent annuel voté par une loi spéciale ne dépasserait pas 100.000 hommes, et en détruisant, par l'abolition de la caisse de dotation, le recrutement des vieux sous-officiers; ensuite, elle annihila la garde mobile, en n'autorisant son existence que sur le papier.

L'Empereur se montra très affligé de cette attitude[1]. Il se plaignit de ce manque de prévision, de ce sacrifice des véritables intérêts du pays. Il demanda à ses ministres de lutter pied à pied, de n'accepter aucun amendement : la loi était un minimum indivisible dont on ne pouvait abandonner aucune partie. Mais le maréchal Niel céda sur le point le plus important en accordant à la commission que le contingent ne serait pas incorporé en totalité. Il pensait que, même ainsi modifiée, la loi donnerait une assiette plus solide à nos forces militaires, et les mettrait en état de parer aux éventualités prochaines. L'Empereur, dit encore M. Emile Ollivier, fut douloureusement surpris de cette concession de son ministre. Quand on vint la lui apprendre, il laissa tomber sa tête dans ses mains et demeura quelques instants accablé. Mais, abandonné par les siens, il n'avait plus qu'à se résigner, lui aussi.

*
* *

La discussion s'ouvrit au Corps législatif le 12 décembre 1867. C'est dans cette séance que fut prononcé le mot fameux que l'on a quelquefois démenti : Jules Favre

---

[1] Emile Ollivier, *Figaro* du 17 mars 1913.

ayant dit : « Vous voulez donc faire de la France une caserne », le maréchal Niel répliqua de sa place et sans élever le ton de sa voix : « Et vous, prenez garde d'en faire un cimetière! » Ce mot provoqua une rumeur dans la salle, et plusieurs députés, parmi lesquels M. Stephen Liégard, vinrent serrer la main du maréchal. Sur le conseil du chef des rédacteurs au Corps législatif, et avec l'approbation du maréchal, sa réponse ne fut pas reproduite au *Moniteur*, pour éviter de remuer l'opinion, déjà surexcitée[1].

Les débats se poursuivirent durant trois grandes semaines, du 19 décembre au 14 janvier; la Chambre n'appliqua pas même la trêve des confiseurs, et siégea le 31 décembre et le 2 janvier. On y entendit tous les lieux communs et tous les sophismes qui reviennent habituellement en pareille matière. Les partisans du Gouvernement rivalisèrent de mauvaise foi et d'ignorance avec les députés de l'opposition.

Pour avoir une idée de l'état d'esprit de ceux-ci, il faut rappeler qu'ils ont soutenu la thèse impie, que pour la liberté d'un peuple, la défaite vaut mieux que la victoire. Garnier Pagès l'avait déjà développée au moment de la discussion du budget, s'attirant de Rouher cette réplique : « La victoire qui sauve une nation et qui consacre l'indépendance d'un peuple ne peut exercer partout qu'une noble et féconde influence ».

Mais Jules Simon osa dire, soulevant d'ailleurs les huées de toute la Chambre, qu'étant allé, après Sadowa, étudier sur les lieux les causes morales de la défaite, il pouvait donner celle-là : c'est qu'il y avait, dans l'armée autrichienne, comme un sentiment inconscient de l'utilité pour elle d'être vaincue. « Quand je leur ai dit : « Vous paraissez vous plaindre de n'avoir pas été assez battus à Sadowa, il y en a qui m'ont répondu : Oui... » Et il conclut qu'il n'y a qu'une cause qui rende une armée

---

[1] Commandant de La Tour : *Le Maréchal Niel*, page 254.

invincible : celle de la liberté. Mais pas un mot du patriotisme, cette conscience qu'un peuple a de son individualité historique et morale, et qui le dispose à accepter tous les sacrifices pour la sauvegarder.

Le 27 décembre, Jules Simon exposa son contre-projet en seize articles, signé de Bethmont, Magnin, Hénon, E. Picard, Jules Favre. Comme il le dit lui-même, ce n'était qu'un plagiat, emprunté à la Constitution de la Confédération helvétique du 12 septembre 1848, et à la loi fédérale sur l'organisation militaire du 8 mai 1850. C'était le système des milices suisses, tel que M. Jaurès l'a repris récemment.

Les paradoxes qui furent soutenus et développés plus ou moins brillamment pendant ces trois semaines se ramènent à deux types. D'abord celui-ci : l'armée permanente est inutile; il suffit d'avoir la nation armée, d'ailleurs, sans instruction militaire; à quoi bon? « Savez-vous ce qu'il faut pour faire un bon soldat? disait Jules Simon. Vous ne le savez pas, moi, je le sais : il faut qu'il fasse sortir avec enthousiasme de sa poitrine le cri de Vive la liberté! » Et une autre fois : « Quant à moi, qui ne suis pas militaire, je ne puis m'empêcher de penser que ce n'est pas seulement le soldat qui fait la force d'un pays ».

Ensuite, et c'est l'excuse de toutes ces insanités, car ces hommes étaient sincères, et ne croyaient pas à la guerre, ils préconisent le désarmement comme le meilleur moyen de rassurer l'Europe : « Donnons l'exemple du désarmement, et toutes les nations voisines nous imiteront ». — « C'est positif », s'écrie Garnier Pagès, avec cette ingénuité sénile, qu'a rappelée M. Claveau dans ses *Souvenirs politiques et parlementaires d'un témoin*. C'est ce que Jules Simon appelait « placer résolument l'organisation de la paix en face de l'organisation de la guerre... » « Je suis de ceux qui pensent que l'Allemagne, complètement unie, sera moins redoutable pour nous que la Confédération du Nord soumise à l'hégémonie de la Prusse. Je compte sur les tendances démocratiques qui ne manqueront pas de se faire jour dans un Parlement vraiment Allemand. Je suis convaincu que, dans l'Allemagne complètement unifiée, vous trouverez des sympathies qui, aujourd'hui, vous font défaut ».

Émile Ollivier montrait autant d'inconscience que ses collègues. « Nous restons, déclarait-il, en face d'une loi dont le principe est celui-ci : les armées de la France, que j'ai toujours, pour mon compte, trouvées trop nombreuses, sont insuffisantes. Leur effectif doit être augmenté et porté à un chiffre exorbitant. Mais pourquoi donc? Qui nous inquiète? Personne. *(Interruptions.)* Non, personne ne nous menace, nulle part il n'y a un péril. *(Rumeurs.)* Personne ne peut nous provoquer, nous déclarer la guerre. *(Bruit.)* C'est en armant, c'est en nous montrant par là belliqueux, que nous marchons infailliblement vers la guerre », explique-t-il. Puis, il conclut : « Deux seuls moyens existent pour conjurer cette calamité : de la part du gouvernement, un retour sur lui-même, une résolution décisive et l'institution d'un gouvernement constitutionnel et libéral à la place d'un gouvernement personnel. De la part du pays, de votre part à vous, qui le représentez officiellement, l'obligation de repousser une loi dont l'utilité est au moins douteuse, qui n'est certainement pas nécessaire, et qui, quoi que vous disiez, et quoi que vous fassiez, en France et en Europe, signifie : guerre.

« Pour moi, je n'hésite pas, je voterai contre la loi; car je persiste dans ma manière de voir sur les événements accomplis; je n'aurais pas voulu qu'on les provoquât, j'aurais désiré que la Prusse les accomplît sans violence; mais, ces réserves faites, je reconnais en eux un épanouissement du principe de la souveraineté populaire, une application nouvelle des idées de la Révolution, et je ne les trouve dangereux que si nous voulons opposer un obstacle artificiel à leur développement national.

« Que m'importe qu'on me dise et qu'on me répète

avec passion : « Soyons Français, ne soyons ni Allemands ni Italiens ». Oui, Messieurs, soyons Français, mais ne croyons pas que ce soit une manière noble d'être Français que d'empêcher les Allemands d'être Allemands, et les Italiens d'être Italiens. »

Et Jules Favre : « La nation la plus puissante est celle qui irait le plus près du désarmement; une nation ne désarme pas parce qu'elle se sent faible. Voulez-vous savoir pourquoi la Prusse ne désarme pas? Ce n'est pas seulement parce qu'elle est menacée ou se croit menacée par la France, c'est surtout parce qu'elle est menacée chez elle, parce qu'elle a exercé des droits odieux de conquête, parce qu'elle ne veut pas donner de véritable liberté aux peuples qu'elle a annexés, parce que ses forteresses sont remplies de prisonniers politiques. Voilà pourquoi elle a besoin de conserver son armement ».

Signalons aussi que l'opposition ne perdait jamais l'occasion de manifester ses sympathies pour la Prusse contre l'Autriche. En parlant de Sadowa, dans la séance du 14 mars, Emile Ollivier s'était exprimé en termes tels qu'il avait, nous dit un témoin[1], choqué ses collègues par un déploiement de jubilation que l'on jugea excessif et inconvenant. Des journaux, comme le *Siècle*, le *Temps*, l'*Opinion nationale*, l'*Avenir national*, les *Débats*, encouragent et glorifient l'œuvre de Bismarck. L'erreur n'en était que plus forte de ne pas comprendre que Bismarck ne s'arrêterait pas là.

L'économie politique dit aussi son mot : au nom des principes de la doctrine libre-échangiste, Michel Chevallier exprima la confiance que les intérêts, les relations commerciales de peuple à peuple, devaient toujours assurer la paix, et que l'on ne saurait appréhender de voir surgir de ces mêmes intérêts un instrument de guerre.

---

[1] *Souvenirs politiques et parlementaires d'un témoin.* Plon, 1913. p. 152.

Au milieu de ce flot d'incohérences, on entendit pourtant M. de Benoist rappeler les angoisses des populations des départements frontières, qui voyaient bien que la situation militaire de la France était changée du tout au tout, et demandaient une protection; le meilleur moyen d'assurer la paix était d'armer solidement la France.

M. Thiers protesta contre la guerre défensive préconisée par les partisans des milices; mais il fit tort à sa clairvoyance en traitant de fables et déclarant « parfaitement chimériques les effectifs que le Gouvernement prêtait aux puissances étrangères ». Aussi jugeait-il notre armée bien suffisante pour arrêter l'ennemi et, dans tous les cas, croyait que nous aurions toujours deux ou trois mois devant nous pour organiser la mobile.

*
* *

Le maréchal Niel répondit à ces objections. Il réfuta la thèse de la levée en masse, en invoquant l'autorité de Gouvion Saint-Cyr. Celui-ci résumait ainsi son opinion : « Ces hommes qu'on nous envoyait sans aucune organisation épuisaient les pays où ils passaient, se jetaient sur notre armée et y semaient l'indiscipline...; c'est un grand malheur d'avoir besoin de la levée en masse; plus grand est celui de s'en servir. Le véritable principe est le principe prussien : l'armée permanente est l'école où la nation apprend à faire la guerre ».

Il attira l'attention des députés sur les périls de l'heure présente : quand on voit une grande puissance militaire comme l'Autriche attaquée, battue cruellement, amoindrie dans l'espace de quelques mois, chaque nation doit faire un retour sur elle-même. Il aurait pu citer les paroles cinglantes dont Bismarck, à la tribune prussienne, avait raillé les Hanovriens après les avoir battus : « Si les Hanovriens avaient agi comme ils le devaient, ils n'auraient pas fait d'économies sur la défense nationale. Une mauvaise organisation de la défense nationale porte en soi son châtiment; pour avoir négligé cette défense, le Hanovre a perdu son autonomie, et le même sort attend tous les Etats qui négligent la leur. C'est ainsi que cela se paie. »

Mais on est étonné qu'il ne proteste pas avec plus d'énergie. Il laisse Garnier Pagès dire naïvement, en parlant de Bismarck : « C'est un violent, qui ne croit qu'à la force, comme si la force avait jamais rien fondé! » Le rôle du Ministre de la guerre était de relever cette énormité, de montrer au contraire dans la force le seul fondement de l'existence des peuples comme des individus. Comment un soldat peut-il perdre de vue une vérité aussi élémentaire? C'est celle que de Brack exprime tout simplement quand il s'appuie sur son expérience de dix campagnes pour affirmer que dans la mêlée, où chacun choisit son adversaire, on n'attaque jamais le cavalier que l'on voit maître de son cheval et sûr de ses armes.

Contre ces théories démoralisantes, le maréchal Niel devait en appeler carrément à la nécessité et aux vertus de la guerre. Qu'elle soit ou non une force du monde, comme l'ont dit Joseph de Maistre et Moltke, l'histoire nous affirme pour le passé, et notre expérience nous fait constater pour le présent qu'elle est une condition de l'humanité. Dès lors que le choc des intérêts et des passions, et les haines de races la rendent inévitable, pourquoi laisser croire aux foules qu'elles sont libres de l'éviter? N'est-elle pas après tout le recours suprême de l'indépendance et de l'honneur national menacés? C'est elle qui décide en dernier ressort. Et si cette décision est brutale, on ne lui reprochera pas d'être injuste : le peuple qui l'emporte sur le champ de bataille possède les qualités les plus solides; aucune autre épreuve ne constate mieux la force du corps et de l'âme, la promptitude au sacrifice. Rien de plus facile que de rabaisser le métier du soldat, si l'on veut qu'il consiste seulement à tuer; mais il comporte aussi la pratique de tous les dévouements et du sacrifice suprême, celui de la vie. Les peuples ne peuvent

vivre que s'ils préfèrent beaucoup de choses à la paix;
la menace de la guerre est nécessaire pour les élever
au-dessus des préoccupations déprimantes de la poursuite
du luxe et du bien-être, conséquence des longues pé-
riodes pacifiques; elle refrène les égoïsmes individuels en
leur opposant le dévouement à l'intérêt commun. C'est
ce qu'a si bien exprimé Ruskin, enthousiaste pourtant
des arts de la paix : « Toutes les grandes nations ont
appris dans la guerre leurs vérités de paroles, de force et
de pensée; elles ont été nourries par la guerre, gâtées par
la paix, éduquées par la guerre et trompées par la paix.
En un mot, elles naquirent dans la guerre et moururent
dans la paix ».

La France d'alors, du haut en bas de l'échelle sociale,
était bien loin de pareilles idées. Mais comment ne pas
excuser la masse quand on voit un homme de la valeur
intellectuelle du prince de Joinville se plaindre que la loi
Niel dépasse la limite atteinte par la loi de 1832, des sacrifices qu'un pays doit demander en temps de paix à sa population. « Exiger davantage, écraser outre mesure notre
race, qui donne déjà, hélas! quelques symptômes d'épui-
sement, c'est vouloir (qu'on nous passe la familiarité de
l'expression) tuer la poule aux œufs d'or; c'est donner raison à la triste théorie qui veut que les peuples, au lieu de
tirer de leur sein des armées pour leur défense, ne soient
que des machines destinées à fabriquer des milliers de soldats avec lesquels on joue, comme avec des pions, sur le
vaste échiquier de la folie humaine. Nous le disons avec
conviction, ce système de recrutement à outrance ne saurait durer; le temps, et un temps qui ne sera pas très long,
en fera nécessairement justice : ni la population, en effet,
ni la fortune publique, ne suffiront à le soutenir ». Seule,
la passion politique explique un pareil aveuglement. Elle
ne l'excuse pas.

Aussi, quand Prévost-Paradol publia son livre immor-
tel : *La France nouvelle*, il passa pour un illuminé et un
prophète de malheur. Avec une clairvoyance admirable, il

apercevait comme inévitable, entre la Prusse grandissante et la France stationnaire, le choc terrible qu'il comparait à la rencontre de deux trains, placés sur la même voie par une erreur funeste. « Personne ne le veut, ce choc terrible. On s'écrie, on s'empresse, la vapeur est renversée, les freins grincent à se briser. Effort inutile ! l'impulsion vient de trop loin. »

Quant à l'illusion pacifiste, voici comment il la prenait corps à corps ; Brunetière lui-même n'a pas mieux dit depuis. « Qui ne ferait des vœux pour la disparition de la guerre ? Qui ne souhaiterait de voir inaugurer entre les nations une justice arbitraire ? Mais comme l'institution de cette justice internationale ne paraît nullement prochaine..., il faut se soumettre à la nécessité et, sans aimer la guerre, il faut se garder de trop l'avilir dans l'opinion des hommes ; il ne faut point, par des déclamations vaines et par des comparaisons injurieuses, rendre les peuples incapables d'en supporter les maux et d'en comprendre la triste grandeur. » Et il ajoutait : « Il arrive presque toujours que les questions sont assez mêlées, pour qu'on puisse combattre sans trouble et mourir sans amertume sous le drapeau de son pays. Ce drapeau lui-même est une raison suffisamment persuasive, puisqu'il rappelle que la patrie doit être servie, même si elle se trompe, parce qu'elle périt, si on l'abandonne, et que sa chute est un plus grand mal que son erreur ».

La patrie périt, si on l'abandonne ! Ces mots ne trouvèrent pas d'écho. Il faut dire qu'on ne faisait rien pour cultiver l'esprit militaire, entretenir et développer le sentiment national. Le peuple était sensible à la gloire des armes ; les victoires de Crimée, d'Italie, d'Algérie, ne l'avaient pas laissé indifférent, et c'est au milieu des ovations qu'en 1855 et 1859 les troupes avaient fait dans Paris des retours triomphaux, qui laissèrent à ceux qui en furent témoins des impressions inoubliables. Mais l'armée n'était pas populaire : on lui savait gré de ses succès, de la gloire qu'elle donnait au pays, mais on aurait dit volontiers qu'elle ne faisait que son métier. Il n'y a pas trace de ce mouvement prodigieux qui, de 1807 à 1870, s'exerça en Allemagne pour y porter au paroxysme toutes les énergies nationales. La préoccupation générale est de mettre en pratique le fameux « Enrichissez-vous », et de jouir de l'heure présente. Elle est de toutes les époques, dira-t-on; c'est vrai, mais alors aucun souci d'un ordre plus élevé ne la contrebalance. Personne ne veut voir que la grandeur et la sécurité nationales se trouvent en péril. Aussi ne pense-t-on guère au patriotisme; si l'on ne songe pas, comme on l'a fait depuis, à analyser et à disséquer ce sentiment pour l'amoindrir, on le laisse en sommeil. Dans la salle où délibère le Corps législatif, M. Claveau est peut-être le seul qui s'indigne réellement contre les déclamations des orateurs. Témoin des débats en qualité de secrétaire rédacteur, il vient d'en retracer le pénible souvenir[1]. Bien que Jules Simon fût son ami, après quarante-cinq ans, il ne lui pardonne pas sa conduite en cette circonstance. « A chacune de ses phrases, je répondais, entre bas et haut, par cette espèce de refrain : « Et Austerlitz, et Iéna, et Friedland, et Wagram! et la gloire et l'honneur! » — « Et Waterloo! » murmura, pour lui tout seul, l'orateur, qui avait entendu. Il anticipait ainsi sur le mot fameux qui fut dit un peu plus tard par un de ses collègues : « La chute de l'Empire vaut bien deux provinces perdues. »

*
* *

La loi Niel fut votée par deux cents voix contre soixante. L'opposition tout entière se trouvait dans ces soixante voix. Mais les députés gouvernementaux avaient tellement diminué et transformé le projet primitif qu'il n'en restait rien. Ensuite, ils marchandèrent les crédits néces-

---

[1] *Souvenirs politiques et parlementaires d'un témoin*, p. 206.

saires à l'application, si bien qu'on a pu dire de la loi qu'elle était mort-née.

Dans les deux années qui suivirent, et malgré les indices qui ne laissaient aux gens de bonne foi aucun doute possible sur l'intention bien arrêtée des Allemands de nous faire la guerre, et la confiance qu'ils avaient de nous battre, l'état d'esprit des députés ne change pas. La discussion qui eut lieu le 30 juin 1870, quinze jours avant la guerre, en fait foi.

Il s'agissait de fixer le nombre d'hommes à incorporer, que le Parlement s'était réservé le droit de voter chaque année. En 1870, le Gouvernement avait pris les devants, et proposé de réduire à 90.000 hommes le contingent, qui était de 100.000 les années précédentes. L'opposition trouva que cette réduction n'était pas encore suffisante. Garnier Pagès parla longuement pour démontrer que toutes les nations de l'Europe voulaient le désarmement. « D'ailleurs, en admettant même que les nations européennes ne désarment pas, nous n'avons rien à craindre d'elles. Ni l'Angleterre, ni la Russie, ni l'Italie, ni l'Espagne, ne pensent à nous attaquer. Quant à la Prusse — je termine par là — peut-elle nous inquiéter?... M. de Bismarck est en face de très grandes difficultés, même en Prusse; il n'a plus la force, il n'a plus la foi, il n'a plus la confiance... L'Autriche avec ses neuf millions d'Allemands, les Allemands de la Bavière et de tous les Etats du Sud sont prêts à se soulever contre la Prusse si elle veut s'agrandir... M. de Bismarck cherche à accomplir une œuvre impossible, il veut, en exploitant les sentiments de la nationalité allemande, chercher à faire l'unité de la nation par la force, par le despotisme; il n'y réussira pas. Par la liberté, il aurait réussi; il aurait la sympathie de tous les peuples; il aurait l'adhésion de tous les Allemands, même en Autriche. Mais quand il est venu leur dire : « C'est le despotisme monarchique que je vous offre, ce n'est pas la liberté », il a semé à la fois autant d'ennemis qu'il semblait conquérir d'habitants. »

Le Ministre de la guerre, le maréchal Le Bœuf, répondit. Il n'eut pas de peine à montrer que la Suisse ne pouvait pas nous être un modèle, une organisation militaire qui convient à une puissance dont la neutralité est garantie par l'Europe entière, ne pouvant pas servir de type à celle de la France. Il établit « qu'une armée n'est bonne que lorsqu'elle peut prendre rapidement l'offensive ». Il déclara qu'en proposant une réduction de dix mille hommes sur le contingent, le Gouvernement avait fait une invitation indirecte au désarmement. Et il conclut, non sans ironie : « J'ai le regret de dire que, jusqu'à présent, je ne me suis pas aperçu qu'on ait suivi notre exemple ».

Puis Jules Favre reprit le refrain de la « coupable folie » qui consistait à s'organiser en pleine paix pour une grande guerre; et Emile Ollivier, celui du développement de la liberté, « véritable manière d'établir la paix et de l'assurer ! »

C'est à propos de cette séance que M. Claveau, se demandant comment ces hommes à qui allaient son admiration et sa sympathie, avaient pu en arriver à ce degré d'aberration, et où il fallait chercher la cause de cette double infirmité qui, malgré tant d'avertissements, les rendait ainsi sourds et aveugles, répondit : « La cause, je ne la soupçonnais pas alors; mais je la vois bien aujourd'hui : ils sacrifiaient à un besoin de popularité électorale l'intérêt et le salut même de leur pays ».

En attendant, les bataillons et les batteries de la garde mobile, tenus seulement à quinze exercices annuels, chacun d'une durée maximum de vingt-quatre heures, déplacement compris, se trouvaient hors d'état de rendre aucun service militaire. On peut le regretter d'autant plus qu'ils ont montré pendant la guerre assez de bonne volonté et de dévouement pour prouver qu'ils ne demandaient qu'à bien faire. Mais on leur en avait refusé les moyens. C'était quelque chose comme la Territoriale anglaise de lord Haldane. D'ailleurs, l'Angleterre d'aujourd'hui, avec son peuple désintéressé de la grandeur nationale et se reposant de sa sécurité sur une petite armée de professionnels, évoque le souvenir de la France d'avant 1870.

On sait ce que fut notre réveil. En 1867, Garnier Pagès avait dit, rappelant les 350.000 hommes armés qu'on avait vu défiler dans Paris le 20 avril 1848 : « C'était la Garde nationale! Cette armée-là parut tellement invincible, et tous les ambassadeurs qui assistaient à cette revue en furent tellement frappés, le fait produisit en Europe une émotion telle, qu'on s'écria partout : « Désormais, Paris est imprenable! ».

Trois ans plus tard, Paris était pris.

Maurice Richard avait déclaré impossible d'enlever encore des bras à l'agriculture; M. de Falloux s'était aussi prononcé contre la nouvelle loi militaire, « dont l'application prolongée, désolant nos familles, dépeuplerait nos campagnes ». Pour ne pas l'avoir acceptée, les familles devaient être autrement désolées, les campagnes autrement ravagées et dépeuplées. Quant à la gêne qu'elle aurait causée, il eût mieux valu la subir que de supporter six mois de guerre, payer cinq milliards d'indemnité, et pleurer deux provinces perdues.

Par une singulière dérision, ceux qui s'étaient montrés si aveugles sur les réalités et avaient proféré ces folies, furent portés au pouvoir dans les circonstances les plus propres à leur faire reconnaître leur erreur. Appelé par Napoléon III à la présidence du Conseil, c'est Emile Ollivier qui déclare la guerre à la Prusse. Quelques mois plus tard, Jules Simon, Jules Favre, Garnier Pagès et les autres forment le Gouvernement de la Défense Nationale! Jules Favre, qui subit toutes les humiliations des négociations avec Bismarck, avoua alors n'avoir pas su ce qu'il faisait, et demanda pardon à Dieu et aux hommes[1]! Jules Simon convint aussi qu'il s'était lourdement

---

[1] Dans une de ses soirées lugubres où les membres de la Défense Nationale revenaient sur le passé, raconte E. Ollivier, ce mot lui échap-

trompé, et en pleura, dit-il, des larmes de sang. C'était trop tard.

Pour ne pas rester sur cette impression, citons, d'après le commandant de La Tour, cette anecdote tout à l'honneur du maréchal Niel. Elle montre que les Prussiens ne se méprenaient pas sur sa valeur et les services qu'il voulait rendre à son pays. Quand le roi Guillaume vint à Paris en 1867, le maréchal fut le seul des grands personnages à ne pas recevoir une décoration prussienne. M. de Moltke ne lui avait pas pardonné une réponse pleine de dignité et de bon sens : comme il entretenait le Ministre de la guerre des dernières mesures militaires prises en France, qui semblaient une pointe contre l'Allemagne, tout à la paix cependant, remarquait M. de Moltke, Niel lui répondit : « Croyez bien que si ces mesures n'avaient pas été prises, au lieu de nous rencontrer dans ce salon, nous serions peut-être, à l'heure qu'il est, en face l'un de l'autre sur un champ de bataille ».

On comprend sa fierté d'avoir été oublié, pour ce motif, dans la distribution des décorations prussiennes.

---

pa, à propos de leur opposition à la loi militaire : « Nous n'avons été que des jobards ».

Marc Imhaus et Réné Chapelot, imprimeurs, Nancy et Paris

A LA MÊME LIBRAIRIE

La Guerre turco-balkanique : *Thrace, Macédoine, Albanie, Épire*, par le lieutenant-colonel breveté BOUCABEILLE 1913, 2e édition. Vol. in-8 contenant 11 cartes en couleurs hors texte et 10 croquis dans le texte . . . . 5 fr

Feuilles de route bulgares. — *Journal de marche d'un correspondant de guerre pendant la campagne de 1912 en Thrace.* 1913. 6e édition. Vol. in-18 avec de nombreuses illustrations photographiques et une carte . . . 3 fr. 50.

Relation officielle italienne. — **La Marine dans la Guerre italo-turque (1911-1912).** — *Exposé sommaire des opérations effectuées pendant la guerre.* — Traduction par le lieutenant-colonel MORIER. — 1913. Brochure in-8 . . . . 1 fr. 25

France et Allemagne. — **La Guerre éventuelle,** par le lieutenant-colonel GROUARD. — 1913. Volume in-12 . . . . 3 fr. 50.

Considérations sur la défense de la frontière du Nord, par le général HERMENT. — 1913. Brochure in-8 contenant 6 croquis . . . . 2 fr. 50.

Questions de critique militaire et d'actualité, par le général H. BONNAL.

    1er SÉRIE. — *La prochaine guerre.* — *Le haut commandement.* — *Les avant-gardes d'armée.* — *Le testament militaire de Kouropatkine.* 1906, in-12. . . . . (Épuisé).

    2e SÉRIE. — *La première bataille.* — *Le service de deux ans.* — *Du caractère chez les chefs.* — *Discipline.* — *Armée nationale.* — *Cavalerie, etc.* 1908, in-12 . . . . 3 fr. 50

    3e SÉRIE. — *Les Grandes Manœuvres en 1908.* — *La psychologie militaire de Napoléon, etc., etc.* 1909. 1 vol. in-12 avec 1 portrait et 2 cartes . 4 fr.

    4e SÉRIE. — *L'infanterie aux grandes manœuvres.* — *La liaison de l'artillerie et de l'infanterie.* — *Troupes auxiliaires d'Afrique.* — *Un voyage à Berlin en 1901.* — *Le danger allemand, etc.. etc.* 1911, 1 vol. in-12 . 3 fr.

    5e SÉRIE. — *Napoléon chef d'armée.* — *Deux armées rivales.* — *Comme à la veille d'Iéna.* — *Bazaine le 18 août 1870.* — *Paix ou guerre, etc., etc.* 1913. 1 vol. in-12 . . . . 3 fr. 50

L'armée évolue, par le général PÉDOYA, ancien commandant du 16e corps d'armée.

    I. *Discipline.* — *Antimilitarisme.* — *Antipatriotisme.* 1908, 1 vol. in-12 . . 2 fr.

    II. *Le recrutement de l'armée.* — *Les anciennes lois de recrutement.* — *La loi de deux ans.* — *Les milices.* 1908, 1 vol. in-12 . . . . 3 fr. 50

    III. *Désirs et plaintes des officiers.* 1909, 1 vol in-12 . . . . . . 2 fr. 50

    IV. *Le commandement des troupes.* 1909, 1 vol. in-12 . . . . 2 fr. 50

Rôle des travaux entrepris par les Allemands sur la rive gauche du Rhin, *en cas de guerre franco-allemande,* par le lieutenant MULTRIER. 1911, broch. in-8 . . . . 50 c.

Le prix de la guerre, par le capitaine LAUTH, du 67e d'infanterie. 1911, broch. in-8 . . . . 50 c.

Derrière la façade allemande, par P. D., du journal « La Dépêche ». 1911, in-16 . . . . 1 fr. 25